Género Drama

I0794899

Pregunta esencial

¿Cómo decides lo que es importante?

Midas y las orejas de burro

Drama

contado por Elizabeth Brereton
Ilustrado por Clare Caddy

Midas y las orejas de burro

Personajes

Hombre
Pan
Rey Midas
Apolo
Barbero
Madre Tierra

Elementos de utilería

silla
corona
espejo
corona de laureles
  del ganador
orejas de burro
tijeras

Escena uno

El concurso de música

El rey Midas está sentado en su trono, en la cabecera del escenario y de frente a la audiencia. Lleva puesta una corona. Pan y Apolo están de pie junto a él, uno a cada lado. Entra un hombre, por la derecha del escenario, y se coloca frente a la multitud.

HOMBRE: En la antigua Grecia, hubo una vez un rey vanidoso y tonto que estaba obsesionado con la riqueza. Un día, dos dioses le pidieron al rey que fuera jurado de un concurso de canto entre ellos. Y así comienza nuestra historia...

(*El hombre sale por la derecha del escenario*).

PAN: (*sonriente*) Mi querido amigo, rey Midas. He preparado una canción solo para ti.

REY MIDAS: Oh, Pan, siempre es un placer oírte cantar. Sé que te irá bien en este concurso.

APOLO: (*molesto*) Quizás deberías esperar a oírnos a los dos antes de decidir quién será el ganador, rey Midas. Yo también tengo una voz hermosa.

REY MIDAS: Oh, sí, por supuesto, Apolo. Comienza.

(El pianista comienza a tocar. Apolo canta. El rey Midas le presta poca atención. En cambio, se admira a sí mismo en un espejo).

REY MIDAS: La canción fue agradable, Apolo. Pero el tono y el timbre de tu voz no fueron tan buenos como esperaba. Escuchemos cantar al maravilloso Pan.

(*Pan canta. El rey Midas escucha con entusiasmo*).

REY MIDAS: (*salta del trono, aplaudiendo*) ¡Hermoso! ¡Maravilloso! ¡Fantástico! Creo que tenemos un claro ganador aquí. Sí, sí, ¡Pan ganó el concurso de música! Y recibe la recompensa. ¡Bien hecho, Pan!

(*El rey Midas le entrega a Pan la corona de laureles. Pan sale por la derecha del escenario, sonriendo y moviendo sus brazos como si despegara vuelo*).

APOLO: Eso fue injusto, rey Midas. Mi voz es muy superior a la de Pan, pero lo elegiste a él como ganador. Tal vez hay algo mal con tus orejas. *(Se frota la barbilla).* De hecho, creo que tus orejas son demasiado pequeñas para escuchar con claridad. ¡Te daré orejas de burro!

(El rey Midas mira sobresaltado. Respira con dificultad y se quita la corona, revelando así las orejas de burro. Grita y sale corriendo por la izquierda del escenario. Apolo se ríe y sale por la derecha del escenario).

AHORA COMPRUEBA

¿Quién ganó el concurso de canto? ¿Por qué?

Escena dos

Un nuevo peinado

Entra la Madre Tierra, se sienta en el piso a la derecha del escenario y se queda inmóvil.

El rey Midas, con su corona puesta, entra por la izquierda del escenario y se sienta en la silla del barbero.

El barbero entra por la izquierda del escenario y se para detrás del rey Midas, con una tijera en la mano.

REY MIDAS: Barbero, ha ocurrido algo terrible. Si te muestro mi secreto, ¿prometes guardarlo?

BARBERO: Por supuesto, Su Majestad, lo prometo.

(El rey midas se quita la corona y revela sus orejas de burro. El barbero se queda sin aliento).

REY MIDAS: Nadie debe saberlo. He perdido mi elegancia. ¿Quién me obedecería si supieran que tengo orejas de burro?

BARBERO: Sí, sí. Nadie debe enterarse. Pero ¿no puede mantenerlas cubiertas con su corona?

REY MIDAS: No, eso no funcionará. No puedo usar mi corona todo el tiempo. Necesito un peinado nuevo, como una envoltura que oculte estas orejas. Ahora, ¡ponte a trabajar!

(El barbero corta y peina el cabello del rey. Finalmente, logra ocultar las orejas. El rey se mira en el espejo desde todos los ángulos).

REY MIDAS: Eso está mejor. Ahora puedo salir a la calle de nuevo.

Detective del lenguaje	**¿Qué tipo de adverbio es la palabra subrayada?**

(El rey Midas le paga al barbero y sale por la derecha del escenario. El barbero camina de un lado a otro del escenario).

BARBERO: ¡Oh, qué secreto! ¡No puedo guardarlo para mí solo! Pero prometí no decirle a nadie. ¿Qué debo hacer? Podría susurrarlo a la Madre Tierra. Sí, cavaré un hoyo en el suelo, y solo le contaré a la Madre Tierra.

El barbero sale de su tienda y cava un hoyo en el suelo. Los brazos en círculo de la Madre Tierra forman el hoyo. El barbero se arrodilla junto a él.

BARBERO: (*susurrando en el hoyo*) ¡El rey Midas tiene orejas de burro! ¡El rey Midas tiene orejas de burro!

(La Madre Tierra con una risita, se inclina para escuchar).

BARBERO: ¡El rey Midas tiene orejas de burro! ¡El rey Midas tiene orejas de burro! (*Se pone de pie*). ¡Ya está! ¡Ahora me siento mejor!

(El barbero sale por la derecha del escenario. La Madre Tierra con una risita, sale por la izquierda del escenario).

AHORA COMPRUEBA

¿Por qué el rey Midas quería un nuevo peinado?

Escena tres

¡El secreto salió a la luz!

El rey Midas, Pan, el hombre, el barbero y Apolo entran por la derecha del escenario. El rey se sienta en su trono. La Madre Tierra entra por la izquierda del escenario, se esconde y comienza a hacer el sonido de una brisa ligera.

HOMBRE: ¡Mira su cabello! ¿Por qué querría un corte como ese?

BARBERO: No puedo decirlo.

MADRE TIERRA: (*susurrando*) ¡El rey Midas tiene orejas de burro!

HOMBRE: (*mirando a su alrededor*) ¿Qué es eso?

BARBERO: Creo que fue el viento.

MADRE TIERRA: (*en voz más alta*) ¡El rey Midas tiene orejas de burro!

HOMBRE: Eso no fue el viento. Fue la Madre Tierra quien habló. Casi puedo oír lo que dice.

MADRE TIERRA: (*en voz mucho más alta*) ¡El rey Midas tiene orejas de burro!

HOMBRE: (*en voz <u>muy</u> alta*) ¿En serio? ¡El rey Midas tiene orejas de burro!

Detective del lenguaje	**¿Qué tipo de adverbio es la palabra subrayada?**

(El rey Midas mira hacia arriba con angustia).

PAN: ¿Es verdad, rey Midas? ¿Tienes orejas de burro?

REY MIDAS: (*quitándose la corona*) Sí, es verdad. Apolo me dio orejas de burro, y ahora mírame. ¡Es tan injusto!

APOLO: Rey Midas, te di orejas de burro porque no fuiste un juez justo. Pero veo que no has aprendido tu lección. ¡Tal vez deberías ir a vivir con los burros!

(Todos se ríen).

(*El rey Midas sale por la izquierda del escenario. Apolo, Pan, el barbero y la Madre Tierra salen por la derecha del escenario. El hombre se queda frente a la audiencia*).

HOMBRE: Desde entonces, cada vez que soplaba el viento, la Madre Tierra susurraba el secreto del rey Midas. El tonto rey no podía soportar que la gente se burlara de él. Algunos dicen que renunció a su corona y su tesoro y se escondió para que nadie se ría de él. Pero otros dicen que conservó su corona y se convirtió en un rey diferente: ¡el rey de los burros! ¡Iii-aah!

AHORA COMPRUEBA

¿Cómo se enteró la gente por qué el rey tenía orejas de burro?

Respuesta a la lectura

Resumir

Resume *El rey Midas y las orejas de burro.* Usa la tabla de tema como ayuda.

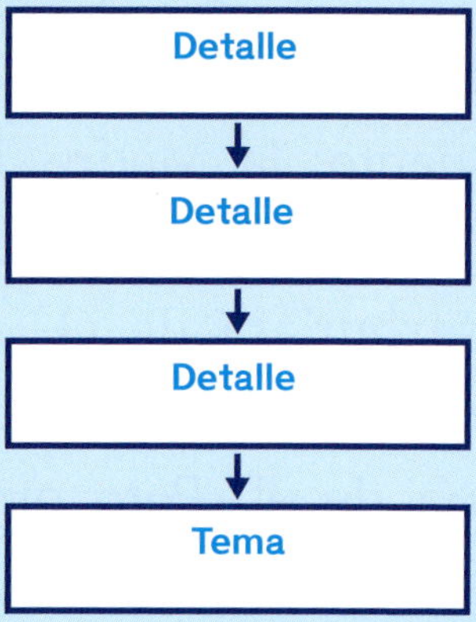

Evidencia en el texto

1. ¿Cómo sabes que *El rey Midas y las orejas de burro* es un drama? **GÉNERO**

2. ¿Cuál es el mensaje principal del cuento? Busca un ejemplo en el texto. **TEMA**

3. En la página 9, la palabra *prometí* es una conjugación en pretérito del verbo *prometer.* Por lo tanto, *promet-* es la raíz de la palabra. Elige otra palabra del texto e indica su raíz. **RAÍCES DE PALABRAS**

4. ¿Qué lección busca enseñar *El rey Midas y las orejas de burro*? **ESCRIBIR SOBRE LA LECTURA**

Género Cuento de hadas

Compara los textos

Lee sobre un lobo y un hada en un bosque.

El soplido del lobo

Una hermosa tarde de otoño, un hada pequeña y liviana como una pluma, llegó al bosque. Nadie sabía si había decidido quedarse a vivir allí o si estaba de paseo. Pero los días pasaban y el hada se dormía entre las flores. También caminaba por el prado y hablaba con los animales. Y de a ratos, cerraba los ojos, movía su varita mágica y decía:

—Cuando esta varita se mueve, todo lo bueno sucede.

En ese bosque vivía un lobo travieso. El lobo salía de paseo. Se detenía junto a un roble y tomaba aire y más aire. Y después, con mucha energía y mucho ruido, el lobo soplaba y soplaba. Entonces, los pájaros tambaleaban en sus ramas. Y los conejos corrían para atrás. Y los burritos perdían el equilibrio.

Era muy divertido tener en el bosque a un lobo tan travieso. Pero lo cierto era que todos quedaban un poco mareados y cansados.

Un día, el hada estaba jugando con los animalitos. Se acercaba el invierno y desde hacía unas horas, el cielo estaba nublado. En un momento, justo cuando estaba cerca del lobo, el hada cerró los ojos, movió su varita mágica y dijo:

—Cuando esta varita se mueve, todo lo bueno sucede.

El lobo quedó quieto y sorprendido. Miró al hada y le sonrió.

—¡Tengo muchas ganas de soplar y soplar! —dijo el lobo.

Los animalitos pensaron que el lobo iba a hacer una de sus travesuras. Pero no. El lobo estiró el cuello hacia el cielo. Después hizo un cálculo rápido y tomó aire. Entonces sopló y sopló hasta que las nubes se corrieron.

Gracias al hada, el lobo no había soplado para hacer otra travesura. Ahora los animales podían jugar bajo un sol hermoso.

Haz conexiones

¿Qué cosa importante hizo el hada? PREGUNTA ESENCIAL

¿En qué se parecen el rey Midas y el lobo? EL TEXTO Y OTROS TEXTOS

Enfoque: Género

Drama El drama se escribe para ser representado frente a una audiencia. Las personas que actúan se llaman actores. Las acotaciones describen lo que hacen los actores. Los elementos de utilería, como las orejas de burro y la corona, en *Midas y las orejas de burro,* ayudan a que la historia cobre vida. El drama tiene escenas en lugar de capítulos.

Lee y descubre En *Midas y las orejas de burro,* los nombres de los personajes están escritos en mayúsculas y en negrilla. El nombre del personaje está separado por dos puntos de las palabras que dirá. Las acotaciones están escritas en cursiva. Les indican a los actores qué deben hacer.

Tu turno

Imagina qué le sucede a Midas después de dejar su castillo. ¿Le pregunta a los burros si puede unirse a ellos? ¿Se va a vivir a otro lugar? Escribe otra escena para *Midas y las orejas de burro* en la que cuentes lo que le sucede. Recuerda que debes usar las características del texto para mostrar qué personaje habla, qué dice y qué hace.